AF562536

RÉFLEXIONS D'UN ÉMIGRÉ SUR L'ÉMIGRATION,

Et sur la confiscation des biens des Émigrés,

PUBLIÉES PAR LE C. LEFORTIER,

RÉDACTEUR

DE LA CORRESPONDANCE POLITIQUE.

Il a pu arriver qu'en discutant des questions délicates et en exposant des demandes nouvelles, des écrivains particuliers, ou des Corps même aient franchi quelquefois les justes bornes; mais ces inconvéniens sont légers, et plus que rachetés par les avantages de la liberté des discussions. Je n'ai d'ailleurs trouvé dans la multitude d'écrits qui ont paru, *que de nouvelles raisons de laisser à la presse une légitime Liberté*, et de favoriser l'instruction publique dans un tems où la Nation a besoin de s'instruire sur tant d'objets importans.

Paroles de LOUIS XVI *aux Princes de son Sang, lors de l'Assemblée des Notables.*

A FRANCFORT;

Et A PARIS, au Bureau de la *Correspondance Politique*, Cloître Thomas du Louvre, N°5.

1795.

Les personnes qui desireraient souscrire à la *Correspondance Politique*, Papier-Nouvelles de tous les jours, sont prévenues que le prix de l'abonnement est de 80 liv. pour l'année, 45 liv. pour six mois, et 25 liv. par trimestre.

On peut s'adresser audit Bureau, Cloître Thomas du Louvre, N° 5; et au Citoyen MARET, Libraire, Cour des Fontaines, au Palais-Royal.

RÉFLEXIONS D'UN ÉMIGRÉ.

BEAUCOUP se disent philosophes ; mais il en est peu qui le soient réellement. D'autres se croient capables de fonder un Gouvernement, qui n'ont pas les premières notions de morale et d'administration.

Non-seulement il faut des lumières supérieures pour être Philosophe et Législateur, mais il faut une conscience pure, s'oublier soi-même, n'avoir point de vues, d'intentions intéressées, ou au moins être assez ferme, assez sévère pour les sacrifier à l'avantage commun ; il faut surtout être exempt de passions.

Que signifient donc ces déclamations continuelles contre les Nobles, les Prêtres et les Émigrés en masse ? elles détruisent les droits de l'homme et les principes qui en font la base. Plus elles sont générales et vagues, plus elles sont injustes ; l'innocent y est toujours confondu avec le coupable, et cette seule réflexion suffirait bien pour les faire rejeter, si l'on n'était pas convaincu d'ailleurs qu'une haine aveugle ou un vil intérêt, et non la vérité, dictent ces déclamations. On trouverait dans les Nobles, les Prêtres et les Émigrés d'aussi braves et *d'aussi bons* Citoyens que dans les Républicains. Combien d'entre eux n'ont contre eux que leur naissance, leur état ou leurs malheurs ! Combien seraient restés chez eux, s'ils n'avaient été inquiétés, tracassés, et forcés de fuir pour se soustraire à la persécution! On sait, et toute la France dépose que c'était le systême favori que les Jacobins ont toujours suivi ; on sait que la tyrannie et la terreur étaient à l'ordre du jour ; on sait qu'elles ont fait des victimes et sacrifié des innocens ; on sait enfin que pour éviter ce sort, plusieurs ont dû chercher leur sureté en pays étrangers. Il faut donc être juste, et distinguer entre les Nobles, les Prêtres et les Émigrés, ceux qui peuvent mériter des reproches, d'avec ceux qui n'ont cédé qu'à la force et aux dangers qu'ils couraient, quoiqu'ils ne fussent pas coupables.

Émigrer c'est quitter le pays qu'on habite, pour aller dans un autre. L'émigration est absolue, ou momentanée; elle est absolue quand on quitte son pays avec dessein de n'y plus retourner et de se fixer ailleurs. Elle est momentanée, quand on le quitte par des raisons temporaires et accidentelles, et pour se mettre en sureté tant qu'elles subsistent.

On sent à merveille que ceux-ci, la cause cessant, avaient le desir et l'intention de rentrer, et que dans aucun cas les uns et les autres ne peuvent, moins encore les derniers, être censés avoir abandonné leurs biens. Ce dépouillement ne se présume pas, surtout si l'émigration, loin d'être libre et volontaire, a été contrainte et commandée par les circonstances.

Mais ne peut-on pas les confisquer pour raison d'émigration? Cette question tient à de grands principes qu'il faut développer.

Grotius pense : « Que chacun peut renoncer

„ à l'État dont il est membre et reprendre sa liberté „ naturelle et ses biens en sortant du pays. „

C'est ainsi que s'exprime *Rousseau;* et en adoptant cette opinion d'un célèbre publiciste, il l'apporte en preuve de la liberté qu'ont tous les Citoyens de rompre le Pacte social : « Bien „ entendu, ajoute-t-il en note, qu'on ne quitte „ pas pour éluder son devoir, et se dispenser de „ servir la patrie au moment qu'elle a besoin de „ nous ; la fuite alors serait punissable ; ce ne „ serait plus retraite, mais désertion. „ *Contr. Soc., liv.* 3, *chap.* 18.

Or cette restriction confirme le principe. Il faut 1°. quitter sa Patrie ; 2°. la quitter pour éluder son devoir. Mais qu'est-ce que la Patrie? Est-ce le pays qu'on habite, ou le pays qu'on adopte ; et comment? deux mots de *Rousseau* donneront plus d'éclaircissement que je ne le pourrais.

« Il n'y a qu'une seule loi qui par sa nature „ exige *un consentement unanime*, c'est le Pacte „ social ; car l'association civile est l'acte du „ monde le plus volontaire. Tout homme étant „ né libre et maître de lui-même ; nul ne peut, „ sous quelque prétexte que ce puisse être, „ l'assujettir sans son aveu. Si donc lors du „ Pacte social, il s'y trouve des opposans, leur „ opposition n'invalide pas le contrat, elle em- „ pêche seulement qu'ils n'y soient compris ; ce „ sont des étrangers parmi les Citoyens. Quand „ l'État est institué, le consentement est dans la „ résidence. Habiter le territoire, c'est se soumettre

» à la souveraineté. » *Contr. Soc.*, *liv.* 4, *chap.* 2, *et chap.* 5, *liv.* 2.

Et en note sur ce passage....... « Ceci doit » s'entendre d'un État libre ; car d'ailleurs la » famille, les biens, le défaut d'asyle, la néces- » sité, la violence, peuvent retenir un habitant » dans un pays malgré lui, et alors son séjour » seul ne suppose plus son consentement au » contrat ou à la violation du contrat. »

Or c'est une vérité constante qu'il existait en France une Monarchie absolue : je parle du fait, sans examiner ce qui devait être de droit, dont l'origine et les bases se perdent dans l'antiquité, et ne sauraient bien être renseignées : telle était la Patrie des Français.

Cette Monarchie absolue a été transformée en Monarchie constitutionnelle, puis en République.

Voilà donc trois sortes de gouvernement depuis 1789.

Ceux qui étaient nés et avaient vécu jusqu'alors, sous la première forme, ont dû nécessairement et successivement accepter les pactes qui ont établi et la Monarchie constitutionnelle et la République, puisque cette Loi *exige un consentement unanime, sans lequel on n'y est pas compris.*

Mais les uns sont partis de France avant et après la première époque ; les autres avant et après la seconde, tous désapprouvant l'une et l'autre forme nouvelle de gouvernement, et n'ayant consenti à aucune.

Dira-t-on de ceux qui ne sont partis qu'après ces formes décrétées et mises à exécution, que leur séjour postérieur valait acceptation? Mais 1°. leur départ prouve le contraire. 2°. La plupart des circonstances qui font exception, et plus encore la terreur, le refus de passe-ports, etc. les ont retenus jusqu'à ce qu'ils aient trouvé la facilité de pouvoir s'évader, et ce séjour forcé ne peut faire supposer leur consentement au contrat; *c'étaient des étrangers parmi les Citoyens.*

Ainsi en s'émigrant d'un pays, où sur les débris de l'ancienne patrie, (la seule à laquelle ils appartenaient) on en élevait de *nouvelles qu'ils n'ont jamais acceptées*, ils ne peuvent être accusés d'avoir quitté des *patries dont ils n'étaient pas membres*, ni d'avoir quitté *pour éluder des devoirs qu'ils n'avaient pas contractés.* On ne peut leur faire un crime de s'être émigré, puisque *l'association civile est l'acte le plus volontaire*, et qu'on *a même le droit de renoncer à l'État dont on est membre.*

De ces vérités et de ce qu'ils ne se trouvent pas dans le cas de l'exception portée par *Rousseau*, il suit que leur émigration *est une véritable retraite, non une désertion;* et par une conséquence ultérieure, qu'en sortant du Pays, ils pouvaient avec leur liberté naturelle, reprendre leurs biens.

Sur quoi peut donc être fondée, à leur égard, la confiscation qu'on en ordonne? Comment, *l'homme est maître absolu de lui-même et de son consentement!* le pacte social ne se forme, *qu'en mettant en commun sa personne et sa puissance*, et quand il est évident qu'on n'a pas voulu s'y mettre, on supposera que les biens y sont entrés; on voudra les faire perdre, pour avoir fait de sa liberté naturelle l'usage le plus pur, le plus sacré, le plus permis dans le moment même où il s'agissait de l'exercer pour déterminer l'acceptation ou le refus de l'association.

Certes, ou les principes sur la Liberté sont faux, ou la confiscation, en pareil cas, est une injustice révoltante.

Les partisans de cette mesure conviennent que la confiscation est odieuse dans un Gouvernement établi.

C'est déja un aveu bien important, quoique trop affaibli, pour se ménager un prétexte de l'autoriser.

Ce qui est injuste n'est pas simplement odieux, et ce qui est odieux pour un Gouvernement établi, doit l'être encore plus pour un Gourvernement à établir, où l'on veut que la loi seule règne, que les peines soient proportionnées, qu'elles n'atteignent que le coupable, et ne puissent jamais nuire à l'innocent.

Qu'on réfléchisse que la confiscation prive une femme, des enfans, des parens des droits qu'ils ont à ces biens; que ces droits sont fondés sur la loi et font partie de l'état civil que la loi garantit aux Citoyens dans tout gouvernement. Qu'on relise les premières lois rendues en 1789 sur la confiscation qu'elles ont abolie, et on verra si elle n'est qu'odieuse, si on a pu la rétablir sans attaquer l'essence de la liberté et de l'égalité, constitutives des droits de l'homme.

L'hypothèque des assignats paraît aux uns un motif suffisant pour justifier la confiscation;

mais parce qu'on a créé des papiers monnaie, parce qu'on doit les assurer, est-ce une raison de commettre une injustice et de s'approprier mes biens, quand je n'ai qu'usé de ma liberté pour me procurer ailleurs un asyle, ou un gouvernement plus tranquille ?

D'autres veulent qu'on considère la France en état de guerre avec le parti qu'ils appellent vaincu, et qu'on doit suivre à son égard le principe rigoureux de la guerre.

Ce serait introduire des guerres privées, si un corps politique pouvait paraître en guerre vis-à-vis des particuliers.

Écoutons *Rousseau :* « La guerre n'est point » une relation d'homme à homme, mais une » relation d'État à État, dans laquelle les parti- » culiers ne sont ennemis qu'accidentellement, » non point comme hommes, ni même comme » citoyens, mais comme soldats; non point comme » membres de la Patrie, mais comme ses défen- » seurs. Enfin, chaque État ne peut avoir » d'ennemis que d'autres États, et non pas des » hommes, attendu qu'entre choses de diverses » natures on ne peut fixer aucun rapport.

» Ce principe est même conforme aux maxi- » mes de tous les tems, et à la pratique » constante de tous les peuples policés .... même » en pleine guerre, un prince juste s'empare » bien en pays ennemi de tout ce qui appartient » au public, mais il respecte la personne et les » biens des particuliers ; il respecte des droits

» sur lesquels sont fondés les siens. » *Contr. Soc.*, *liv.* 1er, *ch.* 4.

Voilà pour le principe en général, mais dans le fait, 1°. le prétendu état de guerre est une position extraordinaire qui rompt tous les principes de sociabilité ou de gouvernement et de justice : ce ne serait qu'un motif de circonstance, et la justice doit se diriger par des motifs immuables, propres à tous les tems ; autrement ce ne sont plus des lois, mais des décisions arbitraires. 2°. C'est un singulier état de guerre que la distinction idéale d'un parti vainqueur contre un parti vaincu qui n'existe pas et n'a jamais existé ; du gouvernement entier de la France contre des particuliers, qui, individuellement, ont pu avoir une opinion différente, peut-être même contraire à celle du gouvernement ; mais qui n'ont point fait corps, point de parti pour la soutenir. S'il l'avaient fait, ils auraient en cela outre-passé les bornes de la liberté, et seraient devenus justiciables des tribunaux, mais non nos ennemis. 3°. Enfin, dans la guerre on s'empare bien des propriétés publiques, des droits du fisc; mais on ne les confisque pas, et à la paix, le vaincu récupère toujours la plus forte partie, sinon la totalité. Ainsi, ni dans le principe, ni dans le fait, on ne trouve rien qui puisse légitimer la confiscation.

Plus subtils, mais non pas plus conséquens, quelques-uns réduisent les Émigrés à deux classes ; la première qui a pris les armes contre la France, et s'en est déclarée ennemie ; la seconde, qui l'a désertée dans l'intention de profiter des évènemens et est censée avoir abandonné ses biens.

Je ne dis rien de ceux de la première classe, quoique d'après les arrangemens faits avec les Vendéens, les Chouans, il y aurait beaucoup à dire, et quoique, même en les considérant comme ennemis, indépendamment des observations alléguées, on ne pourrait prononcer contre eux des confiscations qui retomberaient sur leurs femmes, leurs enfans, leurs parens qui n'ont pas pris les armes, ou sont restés en France.

Pour ceux de la seconde classe; quelle est cette intention de profiter des évènemens? quels sont ces évènemens? c'est bien supposer sans preuves le motif qu'on leur prête; c'est les faire coupables sans les avoir entendus, sans connaître leurs raisons, et on voudrait en conclure qu'ils ont abandonné leurs biens; que cet abandon présumé, mais très-certainement faux, permet de les confisquer! la conséquence est digne de la supposition; mais n'est fondée ni en logique, ni en justice.

Rien au reste n'est plus vague, n'est plus facile à faire naître des explications abusives, que cette latitude d'intention; c'est vouloir rendre tous les absens émigrés, et tous les Émigrés coupables; confondre les causes, les circonstances et livrer tout à l'arbitraire.

Il en est cependant qu'on ne peut s'empêcher de distinguer; sans parler des femmes en général, des vieillards à qui la faiblesse du sexe ou de l'âge n'a pas permis de rester au milieu des désordres inséparables d'une Révolution, et qui ne se sont retirés que pour être tranquilles ailleurs pendant la secousse, sans aucune intention de renoncer ni à leurs biens, ni à leur patrie : sans parler, dis-je, de ceux-là, n'y a-t-il pas nombre de femmes entraînées par leurs maris, d'enfans mineurs emmenés par leurs pères et mères, de pupiles par leurs tuteurs ; tous ou la plupart incapables de volonté, ne pouvant être coupables aux termes de la loi, et ne l'étant pas aux yeux de la raison, parce qu'on ne peut leur reprocher ni le port d'armes, ni des intentions; peuvent-ils être dans le cas de la confiscation ?

Il en est infiniment qui n'ont fui que pour prévenir les préjugés de l'erreur et de l'injustice, et pour n'en pas être victimes ; que pour éviter une persécution aveugle et atroce, que pour se soustraire à la tyrannie et à l'oppression. Ceux-là doivent certainement faire une classe différente ; c'est une absence plutôt qu'une émigration de leur part; absence forcée et commandée par des circonstances qu'ils n'ont pas occasionnées, et par la voix impérieuse de la nature, qui prescrit à tout homme de veiller à sa sureté. Ils n'ont trempé dans aucun complot contre la France. La loi les autorisait à résister à l'oppression ; mais persuadés que leurs Concitoyens reviendraient de leurs préjugés, de leurs faux soupçons, peuvent-ils être coupables pour avoir eu cette confiance, pour avoir préféré de leur laisser le tems de la réflexion, en mettant d'abord leur salut dans la fuite ?

Ce ne fut que lorsque le crime eut donné le signal du pillage, de l'incendie et du carnage; ce ne fut que lorsque le sang des victimes eut rougi les flots du Rhône, étonné des excès de barbarie qu'il voyait commettre; ce ne fut que lorsque les gémissemens sortis de la glacière d'Avignon, lorsque les massacres de Septembre eurent jeté dans les esprits les plus fermes l'épouvante et la consternation, qu'ils se retirèrent.

Beaucoup avaient vu leurs propriétés violées, leurs châteaux incendiés, et tous étaient exposés à la fureur d'une horde assassine de sans-culottes, dont on préconisait les excès et qu'on excitait au carnage en lui demandant 200 *mille têtes*. On menaçait les uns de les faire massacrer, les autres de les livrer à la guillotine; il n'y avait donc de choix pour les habitans menacés que la fuite ou la mort.

En fuyant ils conservaient l'espoir d'un meilleur ordre de choses, et de faire valoir leur justification; en restant, ce moyen leur manquait, ils devaient craindre une mort malheureuse ou honteuse.

Quel que soit le témoignage de la conscience, quelque force qu'on ait d'ailleurs pour soutenir les adversités les plus grandes, il est bien différent de se résigner à courir les risques d'une mort qu'on ne mérite pas, surtout quand on se doit à une femme, à des enfans, etc. On aurait pu sans doute reconnaître notre innocence, nous rendre justice après notre mort; mais qu'importe à celui qui n'est plus pour sa famille, et dont les services sont perdus pour l'État? Un père, un Citoyen, fort de sa conscience, doit croire que la fuite est le parti le plus prudent, comme le seul, qui, en le conservant, puisse le rendre à sa famille et à sa Patrie.

Telle était la position, tels furent les motifs qui firent partir tant d'habitans, qui n'auraient point abandonné leur pays sans ces circonstances.

Ils se sont bornés à aller chercher une retraite, un asyle dans les pays étrangers ; ils y ont vécu tranquilles, ignorés et sans entretenir de relations criminelles, en attendant que la France éclairée sur ses maux, fasse triompher la justice. Le moment est venu de l'espérer. Un décret du 12 Juin 1795, autorise formellement à rentrer dans leurs foyers, tous les Citoyens qui par suite ou à l'occasion des événemens du 31 Mai, auront été obligés de fuir ou de se cacher pour se soustraire à l'oppression sous laquelle ils gémissaient. Pourquoi le bénéfice de ce décret ne s'étendrait-il pas à tous les Émigrés qui n'ont pas pris les armes contre la France, et qui n'ont échappé que par leur fuite au danger dont leur vie était menacée?

Ont-ils donc mal fait de prévenir et d'épargner des regrets à la France? La terreur les avait tellement frappés, qu'effrayés de l'avenir, il n'a pas été en leur pouvoir de résister à cette impression ni de la surmonter.

Il paraît donc bien juste que les Citoyens se trouvant dans des circonstances graves, et la

Convention reconnaissant la pureté des motifs de leur absence, elle leur rende commune la disposition du décret du 12 Juin 1795, pour leur rentrée en France et dans leurs biens.

Leur opposerait-on qu'ils n'ont pas réclamé ? mais le leur a-t-on permis ? Leur a-t-on fait connaître dans les pays étrangers qu'ils le pouvaient ? Leur a-t-on indiqué à qui, et comment ils pouvaient s'adresser à cet effet ? Leur a-t-on, enfin, facilité les moyens et r'ouvert la correspondance avec la France ?

Mais l'intérêt de la France, l'honneur de la Nation sollicitent leur rappel. Personne n'ignore le tort qu'a fait à la France la révocation de l'édit de Nantes, et les injustices qui en ont été la suite ; ne doit-on pas craindre le même reproche, en tenant éloignés de son territoire, des Citoyens que la peur en a fait sortir, et qui, la plupart, contribueraient par leurs connaissances, leurs relations avec l'étranger, le crédit qu'ils y ont et d'autres moyens personnels; contribueraient, dis-je, plus que personne, à redonner au commerce, l'activité ; à l'agriculture, le rapport ; aux assignats, la valeur ; au crédit national, la confiance ; et à la France entière l'abondance, qui forme la richesse et les ressources de l'État. De simples laboureurs et artisans sans relations, ni crédit, n'y peuvent suppléer ; ils ne pourront faire les moindres avances nécessaires ; le commerce et l'agriculture languiront dans leurs mains, la masse des importations surpassera celle des exportations, et la sortie du numéraire ruinera l'État.

Ces considérations de la première importance, répondent à ce que disent les partisans de la confiscation, que le Législateur doit être juste mais sévère. Quelle sévérité, d'ailleurs, peut-on exercer contre ceux que la terreur a chassés? entend-on par-là la nécessité de punir le coupable? soit. Est-ce pour autoriser à confondre l'innocent avec le coupable? rien ne serait plus atroce, plus contraire aux principes de la justice même la plus rigoureuse; elle doit rendre à chacun suivant ses torts et ses mérites, sans faire acception ni de personnes, ni d'aucunes circonstances étrangères et mal appliquées.

Les vrais principes sont invariables; on a beau chercher, imaginer des prétextes pour les faire plier à des circonstances qu'on envenime et qu'on exagère, si même on ne les suscite pas pour s'en prévaloir, il faut tôt ou tard revenir aux principes; on a le remord et la honte de s'en être écarté, et le prestige une fois dissipé, on voit, mais après coup, souvent trop tard, les désordres, les malheurs et les horreurs qui en ont résulté. Pourquoi donc ne pas les prévenir? Pourquoi toujours de nouveaux essais si dangereux, si déplorables, et ne pas être sages de l'expérience du passé?

Il n'est qu'un seul principe pour les lois de détail, il se trouve dans les droits libres et égaux de l'homme; la constitution n'en est que le résultat, comme la liberté générale est le composé de toutes les libertés individuelles.

De l'Imprimerie de la Correspondance politique.

www.ingramcontent.com/pod-product-compliance
Lightning Source LLC
LaVergne TN
LVHW010343230826
846091LV00009B/4007

9782013594288